LA CONSTITUTION

ET

LES RÉFORMES

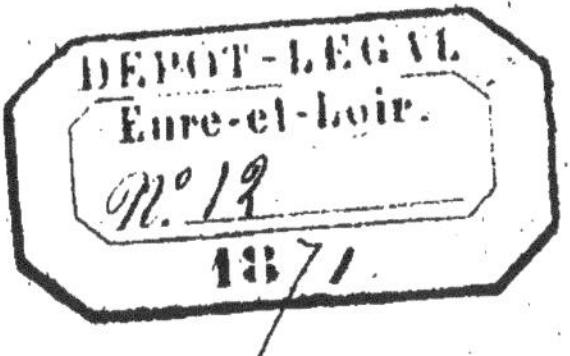

LA

CONSTITUTION

ET

LES RÉFORMES

A PARIS
CHEZ TOUS LES LIBRAIRES

AVRIL 1871

AU LECTEUR.

Un sentiment unanime, profond, réunit aujourd'hui tous les esprits que les questions politiques ou de forme gouvernementale peuvent diviser. Il s'agit d'un intérêt supérieur à toutes les sympathies et à toutes les affections : le salut de la France. Des résolutions que voteront ceux à qui ont été confiées nos destinées, de la Constitution qu'une Assemblée spécialement chargée de cette imposante et redoutable mission va nous donner, dépendront irrévocablement le salut et la régénération de la France, ou l'achèvement de sa ruine et son anéantissement. Comment, en présence d'une aussi terrible alternative, ne pas se sentir envahi par une immense épouvante, et en même temps par des sentiments de commisération sans bornes et d'entière abnégation? Chacun, en pareil jour, doit au salut de la patrie l'abandon de tous ses intérêts, le sacrifice de sa tranquillité, de son repos et des habitudes égoïstes de toute sa vie. A l'œuvre, tous! Au travail, et sans délai. Ce n'est pas trop de l'effort combiné de toutes les forces vives d'une nation pour conjurer les dangers de la situation actuelle. Que chacun, dans l'étendue de ses moyens, dans la mesure de sa capacité, apporte à l'œuvre commune le secours de ses connaissances, de ses pensées, de son expérience, le résultat de ses travaux, le fruit de ses études, de sa sagesse et de ses méditations. Que chacun, pénétré de la gravité des circonstances, sache qu'il n'est pas permis à un bon citoyen, à un homme de cœur de rester indifférent et inactif au milieu de la crise où la patrie menace de sombrer. La vie politique, la discussion libre, ardente quelquefois, mais convaincue, mais loyale et franche, doivent renaître sans retard, ranimer et entretenir dans l'âme de tous la préoccupation des graves questions à résoudre.

Ce serait une bien vaste prétention que de vouloir traiter ou seulement aborder en quelques pages tous les problèmes qui se posent aujourd'hui. Qui pourrait se vanter de posséder sur chacun d'eux des éléments d'information également satisfaisants? Mais nous estimons qu'il est possible, après de longues études et de sérieuses réflexions, de tracer un cadre de réformes et d'institutions nouvelles que chacun soit appelé à compléter et à corriger. C'est ce que nous avons essayé de faire dans les pages qui suivent. Le programme que nous esquissons à grands traits se recommande d'ailleurs par une autorité qui le rend digne d'un examen approfondi ; il existe tout entier, exposé dans son ensemble, avec toutes ses conséquences, dans les Constitutions républicaines de la Révolution. Mais depuis quatre-vingts ans il attend encore sur bien des points son application. C'est parce que nous nous en sommes écartés, c'est parce que nous avons permis la violation de plusieurs des articles fondamentaux du pacte social de 1791 et de 1793, que nous en sommes arrivés, de secousse en secousse, de bouleversement en bouleversement, à l'état d'incertitude et de trouble où nous gémissons aujourd'hui. Revenons aux principes; seuls ils nous conduiront au salut par une voie droite et sûre; mais défions-nous des surprises et des intimidations; ne nous laissons pas plus troubler par la pusillanimité des poltrons que par les menaces des agitateurs ou les complots des adversaires implacables de toute République.

« La République est fondée, et partant la Révolution close; allons, ouvriers! à l'atelier, au travail! que chacun reprenne la tâche quotidienne suspendue durant six mois et recommence de suite la vie d'autrefois. Surtout pas de cris, pas de trouble dans les rues, pas d'émeute; de l'ordre avant tout, de l'ordre à tout prix. » Ainsi raisonnent et parlent, dans leur naïve ignorance des lois les plus élémentaires de l'histoire et des révolutions humaines, les hommes, parfaitement honnêtes d'ailleurs, qui hier soutenaient l'Empire, comme ils défendent aujourd'hui la République, par une terreur aveugle de tout changement. Ils devraient savoir pourtant que le nom importe peu, que les institutions seules font le salut d'un peuple ou sa ruine, et que la France doit subir jusque dans les profondeurs de son organisme un bouleversement complet avant de voir arriver le jour de la régénération attendu avec tant d'impatience et d'anxiété.

Heure terrible et solennelle dans notre histoire! Allons-nous comme tant de fois déjà nous jeter dans les bras de quelque sauveur de rencontre par crainte de commotions passagères, accompagnement inévitable de toute rénovation sociale et politique. Oui sans doute, il faut assurer l'ordre autant que possible; nous le demandons tous, nous y sommes tous intéressés; mais n'achetons pas une éphémère tranquillité au prix de tout ce que nous avons reconquis; car l'abîme est au bout, l'expérience nous l'a trop appris. Songeons au lendemain et n'oublions jamais, même au milieu des plus grandes épreuves, sous la menace des plus mauvaises passions, le but que nous voulons atteindre et les principes qui seuls nous y doivent conduire.

Pourquoi faut-il, dans une phase si critique de notre histoire, que nous voyions autour de nous et surtout à notre tête si peu d'hommes capables de comprendre et de vouloir les conditions de notre salut? C'est pour la France une cruelle punition, la plus cruelle peut-être, de son avilissement de vingt années, que de se trouver ainsi abandonnée sans pilote au milieu d'une pareille tourmente. Partout la plate médiocrité, ou l'arrogante ignorance; les plus habiles parlent élégamment, avec esprit; mais cherchez les idées sous ces phrases sonores; *sunt verba et voces*. Nulle conviction, nulle profondeur: aussi le décousu des idées se trahit par une conduite sans règle et sans suite, s'inspirant au jour le jour des nécessités du moment, ne sachant rien prévoir.

De tous ces hommes qui aspirent à conduire la France, combien ont fait l'apprentissage sommaire du rôle qu'ils se croient jusqu'au dernier capables de remplir? Combien se sont initiés, par l'étude des révolutions passées, aux redoutables questions qui se dressent dès aujourd'hui devant eux? Combien ont cherché la solution de ces problèmes inexorables qu'il faut trancher sans attendre? Combien ont seulement réfléchi aux exigences de leur situation, au travail qu'elle leur impose, aux préoccupations incessantes qu'elle leur devrait causer? Non, ce serait trop de soucis. Ils se sentent bien capables de voter sur les différents articles d'une Constitution ramassée dans les papiers de quelque vieille République, et rajeunie pour la circonstance. Quant à étudier dans ces admirables discussions de nos anciennes Assemblées constituantes les principes et les bases du droit public et social moderne, c'est au-dessus de leur courage et de leurs forces. Et cependant c'est là seulement qu'ils trouveraient un soutien, un appui pour suppléer à leur insuffisance et à leur faiblesse.

Tout en France, du sommet à la base, doit être changé, renouvelé, bouleversé; les institutions et les hommes; les institutions, car c'est à elles qu'on doit notre abaissement moral, cette désorganisation profonde, qui ont si bien servi l'ambition et la duplicité prussienne; les hommes, car si vous confiez vos réformes à ceux qui ont profité des anciens abus, vous n'aboutirez à rien. Tout le personnel administratif institué par l'Empire est rongé par une corruption incurable; à vos meilleures intentions, à vos résolutions les plus généreuses il opposera une force d'inertie invincible[1]. Et surtout plus de respect pour l'ancienneté et les droits acquis. C'est au nom des droits acquis qu'un général incapable et négligent obtient le commandement d'une armée qu'il compromet ou qu'il perd; c'est au nom des droits acquis que le budget de nos administrations est grevé de tant de sinécures grassement rétribuées; c'est au nom des droits acquis que l'État est impudemment volé, pillé, trompé, trahi par ceux qu'il paye et qu'il nourrit.

1. On pense que les exemples ne manqueraient pas à celui qui écrit ces lignes, s'il jugeait nécessaire de donner des preuves de ce qu'il avance; mais ces vérités sont tellement incontestables pour tous ceux qui connaissent les hommes et les choses de l'administration, qu'on a préféré s'en tenir à des généralités.

Arrière toutes les mesquines considérations, car la France n'a jamais couru un aussi horrible danger. Quelle pitié d'ailleurs méritent-ils tous ces serviteurs infidèles, capables de toutes les bassesses, de toutes les lâchetés pour perpétuer un ordre de choses favorable à leur paresse! Prenez-y garde surtout; partout vous trouverez d'insinuants flatteurs et d'habiles intrigants. Ils savent bien qu'ils sont perdus, si l'organisation dont dépend leur position est menacée. Ils n'épargneront ni les ruses, ni le mensonge; si vous les écoutez, si vous leur accordez un moment d'attention, ils obtiennent gain de cause, ils triomphent. Frappez sans regarder, sans écouter; arrachez en même temps et les abus et les coupables.

Bien peu d'entre eux méritent des ménagements; vous pouvez les renvoyer pour la plupart sans indemnité et sans explication. Que si vous répugniez à ces moyens extrêmes, l'arsenal de nos règlements administratifs vous fournira plus d'un expédient pour sortir d'embarras: le cumul, la limite d'âge, la retraite. Mais encore une fois restez inaccessibles aux recommandations, aux pitiés intempestives, aux considérations personnelles; rappelez-vous sans cesse que l'intérêt de tous est supérieur à des intérêts particuliers, d'ailleurs assez peu respectables, et que les situations extrêmes exigent des mesures impitoyables.

On nous demandera sans doute quelle autorité nous a investi du droit de donner ainsi des leçons au pouvoir et des conseils à nos législateurs. Nous l'avons dit en commençant, c'est le sentiment profond que chaque citoyen a le droit et le devoir, en ce moment suprême, d'apporter à l'œuvre commune de la régénération le concours de son expérience et de ses convictions. Seule, l'initiative individuelle, surexcitée par la solennité de l'heure actuelle, peut réveiller les esprits, relever les consciences, éclairer l'opinion publique sur ses véritables intérêts et remplir utilement le rôle que l'État s'était arrogé depuis vingt ans pour le plus grand avantage de l'arbitraire et du despotisme. Sous le régime de la liberté, nous avons tous aujourd'hui des droits égaux à conseiller, à critiquer et à vouloir le triomphe pacifique de nos idées. Que chacun sache exercer ces droits, et la France et, avec elle, la République seront sauvées.

J.-J. GUIFFREY.

P. S. — Les questions que nous abordons à peine dans les pages suivantes exigeraient de grands développements et suffiraient à remplir tout un livre. Nous ne renonçons pas à l'écrire un jour; mais le temps n'est pas aux longues dissertations. Nous nous contentons donc de donner ici la substance et, pour ainsi dire, la table des matières d'un ouvrage complet sur *la France républicaine.*

PRINCIPES FONDAMENTAUX.

La souveraineté appartient au peuple.

Cette souveraineté est imprescriptible et inaliénable.

Le peuple exerce sa souveraineté par le suffrage universel.

Il peut en déléguer l'exercice à des représentants.

La durée du mandat doit être fixée à l'avance[1].

Les représentants n'ont le droit d'attenter par aucune décision, par aucune loi, à la souveraineté du peuple.

Ils se rendraient coupables d'usurpation en instituant un pouvoir indépendant du suffrage universel.

La forme républicaine est la seule forme de gouvernement compatible avec le principe de la souveraineté du peuple dont le suffrage universel est la manifestation.

1. Il ne paraît pas douteux que le mandat, au moins dans certaines limites, doive être impératif. Évidemment le choix d'un représentant suppose une certaine conformité d'idées, de principes, chez le mandataire et chez ses électeurs. Le mandant a incontestablement le droit d'imposer à l'élu ses conditions, le maintien de la république, par exemple. Les circonstances actuelles ne prouvent-elles pas de reste tout le danger de laisser au député le soin de déterminer et de limiter le mandat? Voici une Assemblée qui voudrait et n'ose pas se proclamer Constituante. Est-ce à elle, est-ce aux électeurs à trancher cette question délicate? La réponse ne nous paraît pas douteuse.

Le régime républicain présente, en outre, à un bien plus haut degré que tout autre, les conditions de moralité, de liberté, d'économie et de stabilité[1] qu'il faut chercher dans un gouvernement.

LIBERTÉS PRIMORDIALES.

La Constitution met en dehors de toute discussion :

1° La liberté de la presse.

2° Le droit de réunion et d'association.

3° La liberté religieuse.

Il est interdit à tout député d'une Assemblée française de proposer et à toute Chambre d'accueillir la discussion d'une loi pouvant avoir pour résultat de restreindre les libertés ci-dessus énoncées ou de leur porter atteinte directement ou indirectement.

1° Suppression de toutes les entraves qui empêchent la libre manifestation de la pensée par le livre ou par le journal.

Abolition pour les publications périodiques du timbre et du cautionnement.

Institution d'un jury spécial pour les délits de presse qui ne pourront être poursuivis que sur la requête de parties civiles intéressées, fonctionnaires ou simples particuliers. Ce jury devra se composer d'un nombre égal de citoyens non journa-

1. La forme républicaine étant acceptée et établie, les révolutions deviennent impossibles; car cette forme se prête à tous les changements de personnes ou d'institutions que le progrès réclame. Dans les débuts on verra peut-être éclater quelques émeutes; mais qu'importe? La période d'organisation passée, elles deviendront de plus en plus rares et disparaîtront tout à fait; alors, moyennant une certaine agitation passagère, on aura conquis une tranquillité durable. Encore la sagesse de l'administration pourrait-elle prévenir ce péril.

listes et de journalistes tirés au sort, sous la conduite d'un magistrat chargé seulement de diriger les débats. Ce jury rendra son verdict à la majorité des suffrages, le président, tiré au sort, ayant voix prépondérante.

Pour les questions de morale seules le livre ou le journal pourront être traduits devant le jury par le ministère public[1].

Le pouvoir exécutif n'a dans aucun cas le droit de suspendre ou de supprimer un journal par mesure administrative.

L'instruction et les débats des procès de presse seront publics et pourront toujours être reproduits par les journaux.

2° Les citoyens sont libres de se réunir pour discuter toutes les questions d'ordre public et d'intérêt genéral.

Ils sont tenus seulement de se conformer aux règlements votés par l'Assemblée nationale. Ces règlements ne devront jamais avoir pour résultat d'entraver l'exercice de cette liberté.

Il est interdit aux ministres de prendre aucun arrêté sur cette matière.

Les citoyens ont le droit de former à leurs risques et périls des associations, sans autre condition que de faire au ministre compétent une déclaration indiquant le nom et le but de l'association[2].

3° Sur la liberté religieuse, voir le chapitre spécial des cultes.

1. On pourrait nommer un magistrat spécial pour ces délicates fonctions. Mais il importe que, même dans les questions de morale publique, les écrivains ne dépendent pas d'une commission administrative, bureau des mœurs ou autre, arbitrairement instituée par le pouvoir exécutif et rendant ses arrêts dans l'ombre.

2. Il est indispensable que le public connaisse les associations fondées, afin que nul ne puisse, en usurpant le nom d'une société déjà existante, se prévaloir de sa bonne foi.

ÉLECTIONS.

Tout Français, âgé de vingt-un ans, sachant lire et écrire [1], et n'étant pas frappé d'incapacité légale, est électeur et éligible.

Le droit de voter, comme tout autre droit, impliquant un devoir, tout électeur qui manquera à ce devoir sera passible d'une amende proportionnée à ses ressources. Cette amende pourra être doublée et triplée en cas de récidives.

Les élections pour l'Assemblée nationale, pour les Conseils généraux et les Conseils municipaux auront lieu le premier dimanche de mai.

Le scrutin ne durera qu'un seul jour.

ASSEMBLÉES. — POUVOIR EXÉCUTIF.

Assemblée unique, souveraine, permanente, nombreuse, se

1. La nécessité d'une instruction au moins élémentaire chez tous les électeurs ne fait question pour personne. Cependant il peut sembler nécessaire de tempérer, au moins pour un temps, la rigueur des principes. Deux expédients conduiraient à ce résultat. Ou bien l'instruction, pour exercer les droits d'électeur, ne serait exigée que dans un certain nombre d'années. En attendant, on appliquerait le suffrage à deux degrés; tous les Français, sachant ou non lire et écrire, nommeraient un certain nombre d'entre eux qui éliraient les députés, etc. Ces électeurs nommés par le suffrage devraient eux-mêmes savoir lire et écrire; leur nombre serait dans chaque commune égal au quart des citoyens actifs. Mais cette mesure aurait un double inconvénient : elle exclurait dans certains pays du rang d'électeur des citoyens sachant lire et écrire, tandis que dans d'autres on ne trouverait pas un nombre suffisant de citoyens pour être électeurs. Peut-être le second expédient serait-il, pour cette raison, préférable. Pendant une période transitoire de dix ou quinze ans, les citoyens sachant lire et écrire auraient droit à deux voix, les ignorants à une seule.

renouvelant tous les deux ans par tiers [1], au moyen du suffrage universel.

Les membres de l'Assemblée sont inviolables.

Un premier ministre, nommé par l'Assemblée, choisit ses collègues à son gré, mais dans le sein de l'Assemblée.

L'Assemblée a toujours le droit d'appeler les ministres pour leur demander des explications; les ministres sont responsables personnellement pour les faits d'abus de pouvoir ou de prévarication.

Création de Sous-Secrétaires d'État pour assurer la régularité dans l'expédition des affaires.

Les déclarations de guerre, traités de paix ou de commerce, les questions d'intérêt général, établissement de nouveaux impôts, emprunts, fixation du budget, appartiennent exclusivement à l'Assemblée.

Tournées périodiques des députés dans les départements pour contrôler la bonne administration dans les différents services [2].

1. L'Assemblée étant le seul pouvoir souverain, il importe qu'elle ne puisse être changée complètement d'un seul coup et qu'il s'y conserve une sorte de tradition transmise par les deux tiers conservés aux nouveaux élus. Le renouvellement fréquent la rend accessible aux progrès et aux talents; il soumet le mandataire au jugement des électeurs et fait disparaître la cause de l'agitation produite par des élections à long intervalle. Cette agitation, d'ailleurs, si elle revient à chaque élection, est circonscrite.

2. Cette mesure a une double utilité. Elle oblige les employés de l'État à remplir exactement leurs devoirs et familiarise en même temps les députés avec tous les services de l'administration, finances, guerre, marine, instruction publique, sur lesquels ils ont constamment d'importantes décisions à prendre. Souvent aussi un homme qui n'est pas spécial peut découvrir dans un service particulier des vices ou des réformes à opérer que n'aperçoivent pas d'excellents employés vieillis dans la routine. Elle peut même présenter encore

Droit de pétition pour tous les citoyens actifs.

L'Assemblée a l'initiative des lois dont l'élaboration est confiée à un Conseil d'État composé de jurisconsultes et d'administrateurs de toutes les spécialités.

Les ministres nomment les employés dépendant de leurs services et les révoquent moyennant certaines formalités (voir administration centrale).

Les ministères sont au nombre de neuf :

1. Instruction publique (avec les musées, bibliothèques, beaux-arts).
2. Agriculture et commerce.
3. Travaux publics.
4. Justice.
5. Finances.
6. Intérieur.
7. Affaires extérieures.
8. Guerre et marine (avec 3 sous-secrétaires : un pour les colonies).
9. Premier ministre, présidant le conseil.

ARMÉE.

Soldats. — Service obligatoire pour tous (instituteurs, prêtres, magistrats compris).

Les infirmes ou les blessés admis seuls dans les bureaux du ministère et de l'administration.

cet avantage d'éloigner des fonctions actives de député des hommes affaiblis par l'âge ou la maladie.

Les commissions d'inspection devront être composées de trois membres au moins; elles visiteront tous les services d'une même région composée de plusieurs départements. Elles devront être assez fréquentes pour que chaque année tous les départements soient visités.

Tout citoyen doit le service actif de vingt à vingt-cinq ans, avec faculté de se marier quand il le veut.

Il est retenu sous les drapeaux un certain temps seulement chaque année.

1re année complète pour l'instruction (commençant au 1er septembre).

2e année six premiers mois [1].

3e » quatre premiers mois.

4e » trois premiers mois.

5e » deux premiers mois.

De vingt-cinq à trente-cinq ans, tout citoyen fait partie de la réserve et est exercé un mois par an les cinq premières années et quinze jours les cinq autres.

Dès le début d'une guerre, tous les hommes de vingt-cinq à trente ans sont immédiatement réunis et exercés quinze jours, à moins de nécessité impérieuse, avant leur départ.

Après le départ de cette première catégorie, toute la seconde est appelée sous les drapeaux et exercée un mois avant d'entrer en activité, s'il est possible.

De trente-cinq à cinquante-cinq ans, les citoyens passent dans la garde nationale et sont employés au service intérieur.

En cas de siége, la garde nationale, composée, comme l'armée, d'infanterie, cavalerie et artillerie, est appelée à concourir à la défense de la place.

Introduction du système régional [2] pour la formation des corps.

1. Les armes spéciales et la cavalerie exigeant un apprentissage plus long que l'infanterie, il pourra y être pourvu soit par l'appât d'une solde plus élevée, soit en faisant entrer dans la garde nationale à 30 ans les hommes qui auront consenti à rester deux ans ou deux ans et demi de suite sous les drapeaux.

2. Il peut être utile, c'est une question technique et presque de métier, de fondre ensemble au début les habitants des diverses régions

Exercices obligatoires de marche, de gymnastique et de tir très-fréquents.

Augmentation des corps de tirailleurs.

Formation de corps d'éclaireurs spéciaux.

Composition de corps d'artillerie volante ou de mitrailleuses attachés aux régiments ou du moins aux brigades.

Amélioration de la nourriture et de l'état matériel des soldats.

Réformes et simplification dans l'uniforme et les accessoires.

Nécessité d'occuper sans cesse les soldats, soit à des exercices militaires, soit à des travaux publics, soit à des leçons élémentaires sur les connaissances qui peuvent leur être utiles, leçons faites par les officiers, les sous-officiers et les soldats eux-mêmes.

Rétablissement d'une discipline très-sévère, à la condition qu'elle soit au moins aussi sévère pour les officiers que pour les soldats [1].

Suppression de l'hôtel des Invalides. Les invalides retombent à la charge de leurs communes respectives.

du pays; on pourrait les réunir à leur entrée dans l'armée, sans distinction de pays, sauf à les faire rentrer ensuite dans les régiments de leur département quand ils ont passé dans les casernes ou dans les camps leurs premiers dix-huit mois de service. De la sorte chaque département aurait son dépôt et pourrait rassembler en un jour ou deux au plus tous les hommes appelés pour le service.

1. Le relâchement de la discipline provient moins, selon nous, de l'introduction des idées démocratiques dans les casernes, que de l'incapacité constatée, déplorable, de bon nombre d'officiers de tous les grades. Ce qui le prouve, c'est que les corps qui exigent chez les officiers une instruction spéciale et plus complète, comme l'artillerie, le génie, la marine, ont conservé bien mieux que tous les autres leur discipline jusqu'à la fin de la triste guerre de 1871. Ce fait s'explique par l'ascendant moral que donnent l'instruction et une observation plus stricte par les officiers des devoirs imposés par les grades à chacun d'eux.

Sous-officiers. — Exercices militaires et cours de théorie ajoutés aux dernières années de l'enseignement des lycées, de telle sorte que certains examens sérieux donnent droit, à la sortie des classes, au grade de sous-officier, sans dispenser du service militaire.

Tous les sous-officiers d'artillerie, de cavalerie et de génie devront passer un certain temps dans des écoles spéciales ou dans des camps d'instruction.

Officiers. — Tous les officiers devront sortir des écoles spéciales.

Avancement au concours pour tous les grades.

Cours et examens obligatoires très-fréquents pour tous les officiers sur l'histoire, la géographie, les langues vivantes, les mathématiques, la balistique. Chaque officier devra faire des cours à tour de rôle.

Réorganisation des écoles de Saint-Cyr, d'état-major, d'artillerie et des chirurgiens militaires.

Division des officiers en deux classes : 1° ceux qui restent au service en permanence et suivent la carrière militaire; 2° ceux qui après avoir passé par les écoles [1] et justifié de leur capacité par des examens, viennent servir un certain temps chaque année dans la réserve et rentrent ensuite dans la vie civile. Ces derniers sont obligés de se rendre à leur poste à première réquisition. Ils ne peuvent dépasser en temps de paix le grade de capitaine.

Les officiers de l'armée active qui sont restés dans leur

1. Tout citoyen doit dix-huit mois de service continu. En conséquence on pourrait exiger de tout candidat au grade d'officier dans cette deuxième catégorie un séjour d'un an dans l'École spéciale des officiers, puis de six mois dans un camp d'exercices. Après quoi cet officier de la réserve recouvrerait sa liberté, sauf les cas prévus par les règlements. Il est bien entendu que cette classe d'officiers n'entrera à l'École qu'en passant le même examen que la première catégorie.

grade pendant un certain temps, sans atteindre au grade supérieur, sont versés dans les dépôts ou dans la réserve.

Réorganisation complète des états-majors et des divers comités.

Substitution aux intendants militaires d'agents civils responsables.

Décentralisation appliquée à l'armée en augmentant les attributions des généraux commandant un département; ce qui concorde d'ailleurs avec le système régional.

Suppression des grands commandements militaires et de la dignité de maréchal.

Réduction des gros traitements et augmentation des petits.

Suppression des frais de représentation [1].

Tout officier, quel que soit son grade, ayant échoué dans une opération dont la direction lui aura été confiée, devra passer devant un conseil de guerre. La condamnation pourra entraîner la perte du grade. Un certain nombre de commissaires civils seront adjoints aux juges militaires de ces conseils de guerre.

Gardes nationales. — Tout citoyen fait partie de la garde nationale de trente-cinq à cinquante-cinq ans.

Les grades sont conférés par l'élection; mais les candidats doivent remplir certaines conditions d'aptitude. Ainsi il faudra que chaque candidat ait rempli dans l'armée active ou dans la réserve au moins le grade inférieur à celui qu'il sollicite dans la garde nationale.

Les officiers d'un même bataillon ou escadron nomment leur commandant et les commandants leur colonel; les colonels nomment un général dans chaque département.

1. Les frais de représentation, qui coûtent si cher à l'État, n'ont aucune raison d'être dans un État démocratique. Par le passé, ils constituaient simplement une augmentation de solde, dont l'emploi était abandonné à la discrétion des officiers, sans aucun contrôle.

Les commandants prendront le titre de commandant de quartier ou de canton, les colonels celui de chef de légion ou d'arrondissement et les généraux celui de commandant supérieur du département.

Les exercices et services seront obligatoires pour tous.

Les exercices auront lieu six jours par an, dans les communes respectives des gardes nationaux.

Les commandants supérieurs des départements relèveront du ministre de l'intérieur.

Le service sera gratuit et les gardes nationaux se nourriront à leurs frais.

L'ivrognerie est un cas d'exclusion de la garde nationale.

Les noms des citoyens exclus de la garde nationale comme ivrognes ou pour tout autre motif seront affichés à la porte de leurs mairies.

Les maires auront le droit de requérir, par un ordre écrit et sous leur responsabilité personnelle, la garde nationale de leur commune ou de leur quartier pour le maintien de l'ordre public. Dans ce cas, le maire devra marcher en tête de la troupe, ceint de son écharpe, à côté du commandant.

CULTES.

Séparation complète de l'Église et de l'État.

Liberté de conscience absolue.

Suppression du budget des cultes [1].

1. La suppression du budget des cultes doit se prendre dans le sens le plus large; une municipalité n'a, pas plus que l'État, le droit de frapper les citoyens d'une taxe pour l'entretien d'un culte. C'est affaire aux citoyens de s'associer pour rendre moins onéreux à chacun d'eux l'exercice de sa religion.

L'argument le plus solide, ou du moins le plus spécieux, opposé à la mesure que nous réclamons, est tiré de l'origine du traitement des

Obligation du service militaire pour tout citoyen prêtre d'une religion quelconque.

Nul couvent ou réunion religieuse ne peut être soustrait à la surveillance de la police.

Faculté pour toute religion ancienne ou nouvelle de s'organiser, de nommer ses ministres à sa guise, en se conformant aux lois générales de police et aux règlements imposés aux associations laïques.

Les églises pourront être prêtées par l'État aux citoyens pour l'exercice de leur religion; mais la propriété en sera soigneusement réservée à la communauté civile. Le mieux serait d'en conférer la propriété inaliénable aux communes. Il sera expressément stipulé que les églises pourront être affectées aux réunions d'intérêt commun, et même dans une certaine mesure, à des leçons publiques, quand les écoles ou les mairies seront insuffisantes. Les municipalités seront juges de l'opportunité des demandes faites à ce sujet [1].

ministres du culte. C'est un dédommagement, dit-on, des biens considérables enlevés à l'Église en 1789. Sans entrer dans des considérations trop étendues sur l'origine de ces donations aux églises et sur les obligations qu'elles entraînaient et qui n'étaient plus respectées depuis longtemps par les détenteurs de ces biens, nous demanderons si une génération doit s'interdire tout changement, tout progrès, par un respect aveugle des lois établies par la génération précédente. L'Assemblée Constituante de 1789, voulant se rattacher au moins le bas clergé, fit de ses membres les salariés de l'État, et cette mesure est peut-être la plus funeste qu'elle ait prise. Elle réduisit ainsi le prêtre au rôle d'employé d'une administration. Aussi Napoléon Iᵉʳ n'avait-il pas tout à fait tort de dire « *mes prêtres* », et n'avons-nous pas vu, sous tous les régimes, certains membres du clergé ravaler la dignité du sacerdoce par une adhésion obséquieuse à tous les gouvernements successifs qui les payaient bien. L'objection qu'on peut nous opposer ne vaudrait rien, dans tous les cas, pour les ministres des cultes autres que le culte catholique.

1. Il n'est pas inutile de rappeler ici que les premiers chrétiens

JUSTICE.

Institution d'un concours spécial pour l'entrée dans la magistrature.

Inamovibilité de la magistrature assise.

Séparation complète de la magistrature assise et du ministère public.

Les membres du parquet seront à l'avenir exclus des tribunaux et des cours et ne pourront jamais être nommés juges ou conseillers.

Il serait à souhaiter que le ministère public pût devenir à l'avenir complétement indépendant de la magistrature. Cet office pourrait être délégué par un certain mode d'élection à des hommes instruits, compétents, d'une indépendance de caractère et d'une honorabilité éprouvées [1].

Les traitements seront augmentés suivant l'ancienneté, indépendamment de l'avancement.

Les cours d'appel dresseront les listes d'avancement; le

tinrent d'abord leurs réunions et célébrèrent leurs mystères dans les *basiliques* où le peuple romain venait demander justice aux préteurs. Dans des siècles de foi très-vive, au moyen-âge, les bourgeois s'assemblaient dans les cathédrales pour discuter les bases de leur association contre le seigneur féodal et fonder la commune. Les cloches ne servaient-elles pas alors à appeler les citoyens armés à la défense de leur charte communale? Et personne ne songeait à crier à la profanation. Quand tout citoyen sera bien pénétré de la gravité des intérêts qu'il est appelé à discuter dans ces réunions publiques, chacun s'y comportera avec calme, décence et gravité.

1. Dans tous les cas, les parquets actuels auraient besoin d'être soumis à une épuration très-sévère. La loi sur l'inamovibilité des magistrats ne leur étant pas applicable, rien ne s'opposerait à ce qu'on les débarrassât d'un encombrement de sujets incapables ou compromis.

ministre ne pourra pas faire les nominations en dehors de ces listes.

Obligation imposée à tout jeune magistrat d'un certain temps de stage en province.

Extension de la compétence des juges de paix.

Suppression d'un certain nombre de tribunaux de première instance et diminution du nombre des juges.

Augmentation du traitement des magistrats de province conservés.

Institution d'un jury pour les affaires correctionnelles sous la présidence d'un magistrat.

Simplification de la procédure et diminution des frais en matière civile.

Diminution de la durée de la prison préventive. Le magistrat chargé de l'instruction pourra être pris à partie par l'accusé s'il a prolongé, plus qu'il n'était nécessaire, la détention préventive.

Séparation en matière criminelle des fonctions d'accusateur et du ministère public; l'un chargé de la poursuite par le parquet, l'autre parlant au nom de la société et préoccupé seulement de l'intérêt de la vérité et de la justice [1].

AFFAIRES ÉTRANGÈRES.

Suppression des grandes ambassades très-coûteuses et peu utiles, l'expérience l'a démontré.

1. Cette division avait été établie par la Constituante. On jugea que ces deux magistratures faisaient double emploi et on les réunit en une seule. Mais le magistrat chargé des poursuites se préoccupe bien plus d'obtenir une condamnation que de découvrir la vérité et de rendre hommage à la justice. Supposez l'accusé défendu par un avocat nommé d'office, ce qui arrive très-souvent, et encore inexpé-

Pour les affaires courantes un simple chargé d'affaires suffira. Dans les circonstances graves, le pays pourra être représenté par un plénipotentiaire spécial, investi par le ministre d'une mission déterminée et temporaire.

D'ailleurs toutes les questions internationales d'un intérêt général, traités de paix, d'alliance et de commerce, devront être discutées et résolues par l'Assemblée des réprésentants de la nation.

Quoi qu'il soit impossible de fixer des règles immuables à la diplomatie, les agents français devront s'attacher à entretenir les meilleures relations avec les pays que la similitude de leurs institutions ou les sympathies de la population, rapprochent naturellement le plus de la France. Il faut tenir grand compte de l'amitié des petits États comme le Danemarck, la Suède et Norwége, la Hollande et même des pays neutres tels que la Suisse et la Belgique.

Augmentation des agents subalternes ou secrets, ayant des missions déterminées, rétribués selon leurs mérites et se contrôlant au besoin l'un l'autre.

Les talents et aptitudes seront à l'avenir, ici comme dans toutes les autres branches de l'administration, les seules bases de l'avancement. On ne devra tenir aucun compte des titres nobiliaires, de la naissance et de la fortune.

Les agents diplomatiques se prépareront à leur profession par l'étude des langues des principaux pays de l'Europe. Ils devront tous savoir au moins l'anglais et l'allemand et autant que possible l'italien et l'espagnol.

L'entrée dans l'administration pourrait aussi faire l'objet d'un concours.

rimenté; son sort est entre les mains du ministère public qui ne cherche que condamnations. On connaît les conséquences.

Suppression des emplois inutiles et sinécures coûteuses à l'administration centrale.

Le personnel des consulats sera soigneusement débarrassé de tous les fils de famille ruinés qui ne représentent à l'étranger la France ni utilement, ni honorablement.

Les consuls devront se borner au rôle d'agents commerciaux et ne point s'occuper des questions politiques.

Tous les agents politiques ou commerciaux en pays étrangers devront à des époques déterminées fournir des mémoires sérieux et développés sur les principaux faits advenus dans la région qu'ils habitent. Ces mémoires, précieux par les renseignements qu'ils apporteront, donneront en même temps la mesure de l'activité, du travail et de la perspicacité de leurs rédacteurs.

ADMINISTRATION CENTRALE.

L'administration française réclame des réformes radicales. Elle est actuellement très-onéreuse, et cependant la plupart des employés sont mal payés, très-lente et très-négligente malgré la multiplicité des emplois.

Il faut à l'avenir, d'une part que l'employé présente certaines garanties d'instruction et de capacité, de l'autre qu'il soit attaché à son poste par la perspective d'un traitement suffisant aux besoins d'une famille sans fortune, s'il remplit bien ses devoirs.

Avant d'être admis à concourir pour les emplois vacants, tout candidat devra subir trois examens préalables : celui de sortie des classes, l'examen militaire, et un examen civil (v. Instruction publique). Muni de ces brevets il sera admis au concours qui devra décider de l'admission définitive des candidats.

Réduction du nombre des employés. Dans beaucoup de ministères ils pourraient être diminués de moitié ou d'un tiers au moins, si chacun d'eux venait à l'heure réglementaire et travaillait avec assiduité.

Augmentation progressive du traitement suivant le travail, et indépendamment de l'avancement accordé seulement au mérite, de manière qu'en douze ou quinze ans un employé parvînt à un maximum de traitement de cinq mille francs, par exemple, tout en restant simple commis s'il n'est pas reconnu apte à remplir un poste plus élevé.

Avancement rapide des sujets distingués par leur intelligence, de sorte qu'ils arrivent jeunes encore aux postes supérieurs, sans que le traitement augmente forcément en raison directe de l'avancement. L'avancement pourrait être gagné au concours.

Liberté absolue pour tout employé en dehors de son service.

Destitution, sans indemnité, mais motivée, de l'employé irrégulier et négligent.

Institution d'un conseil de surveillance dans chaque administration pour examiner les réclamations de l'employé destitué par ses chefs et décider en dernier ressort.

Le conseil sera composé de tous les directeurs du ministère.

Suppression des impôts connus sous le nom de retenue du premier douzième et de 5 p. 0/0 pour la retraite, quand un employé déclarera dès son arrivée qu'il renonce au bénéfice de la pension de retraite.

Interdiction à tout ministre d'augmenter les emplois sans l'assentiment du conseil de surveillance.

Réorganisation complète des divisions dans tous les ministères. Réduction du nombre des directeurs et des chefs de bureaux. Le même chef peut diriger deux bureaux ayant plusieurs sous-chefs sous ses ordres.

INTÉRIEUR.

Sessions plus fréquentes des conseils généraux; ils seront réunis au moins quatre fois chaque année.

Extension de leurs attributions.

Leur contrôle sur les affaires du département deviendra sérieux et continu.

Le préfet ne doit être qu'un agent de l'administration centrale, intermédiaire entre le ministre et les maires de chaque commune.

Diminution du traitement des préfets et suppression des frais de représentation.

Suppression des fonds secrets, sauf pour les besoins de la sûreté générale.

Suppression des conseils de préfecture, leurs fonctions peuvent être confiées aux conseils généraux, ou à une commission nommée par eux et prise dans leur sein.

Suppression de l'arrondissement administratif et par conséquent des sous-préfets et des conseils d'arrondissement.

Nomination de tous les maires par le suffrage universel.

Extension des attributions des conseils municipaux.

Application du droit commun pour la nomination des maires et des conseils municipaux à toutes les villes et communes indistinctement.

Renouvellement par tiers, tous les deux ans, des conseils généraux et des conseils municipaux.

Les élections pour ces conseils départementaux auront lieu dans l'année où n'auront pas lieu les élections à l'Assemblée nationale.

INSTRUCTION PUBLIQUE.

Instruction primaire obligatoire pour tous, gratuite pour les indigents; un instituteur dans chaque commune; deux dans les communes de mille âmes au moins.

Obligation imposée aux parents, sous le contrôle des conseils municipaux, d'apprendre à lire et à écrire à leurs enfants.

Inspections fréquentes des écoles primaires par des délégués du conseil général du département.

Augmentation du traitement des instituteurs.

Ils ne devront plus être astreints à paraître dans les cérémonies du culte, ni à enseigner le catéchisme aux enfants.

Instruction secondaire accessible à tous par l'augmentation du nombre des bourses accordées au concours, et maintenues seulement à ceux qui profiteront de cette faveur.

Substitution aussi générale que possible des externats aux internats.

Éducation réservée à la famille.

Introduction dans les colléges de cours de morale, d'exercices physiques, de l'étude sérieuse des sciences exactes, sans préjudice des études littéraires.

Connaissance des langues vivantes exigée aux examens de fin d'étude et à tous les concours subséquents.

Enseignement de la musique et du dessin dans tous les colléges.

Réformes radicales dans le mode d'enseignement surtout des langues anciennes.

Substitution des procédés véritablement critiques et scientifiques aux procédés empiriques jusqu'ici employés.

Nomination et avancement des professeurs au concours.

Institution d'examens à la sortie des études pour donner accès aux carrières libérales et administratives :

1° Examen prouvant que le candidat a tiré profit de l'enseignement, dit examen de sortie des études; on ne devra être admis aux suivants qu'après avoir subi celui-là.

2° Examen militaire donnant droit au grade de sous-officier.

3° Examen civil qui comportera certaines matières de droit, d'administration, etc., étrangères aux études classiques, et qui sera exigé pour l'entrée dans l'administration et dans les carrières libérales.

Fixation d'un minimum d'âge pour chaque examen, soit 18, 19 et 20 ans.

Instruction supérieure donnée par les Facultés littéraires et scientifiques de l'État remplaçant les Écoles spéciales telles que l'École normale et l'École polytechnique supprimées.

Toutes les chaires des colléges et facultés conférées par des concours auxquels tous les aspirants sont admis.

Création de bourses données au concours pour l'instruction supérieure.

Les études théoriques et générales de l'École polytechnique reportées aux Écoles spéciales centrale, des ponts-et-chaussées, des mines, navale, etc.

Suppression des Académies française, des Beaux-Arts, des Sciences Morales et Politiques.

Suppression de l'École de Rome.

Expositions faites par l'initiative individuelle et l'association.

Extension des cours publics et libres par tout le pays.

FINANCES.

Économies. — Suppression de nombreux emplois à l'administration centrale et dans les départements.

Abolition des recettes générales sans indemnité. Les cautionnements seront remboursés par dixième ou cinquième et jusque-là les intérêts ne seront pas augmentés.

Versement direct des fonds par les percepteurs aux succursales de la Banque ou autres établissements chargés de concentrer les recettes par département, ce qui donnera une économie sérieuse sur les frais de perception.

Décentralisation des dépenses en appliquant aux payements à faire dans un département les sommes perçues par le Trésor dans la même région.

Économies sur le budget de la guerre, des cultes, des affaires étrangères, des finances, de l'intérieur et sur les dotations des grands corps de l'État ou du pouvoir exécutif. Augmentation du budget de l'instruction publique seul.

Construction et entretien des routes et des ponts laissés à l'entreprise privée sous la surveillance des agents de l'administration.

Surveillance très-rigoureuse sur les travaux exécutés par les architectes du gouvernement.

Revenus nouveaux. — Location des biens de l'État, forêts, chasses et châteaux n'ayant pas un caractère historique.

Vente de certaines terres, avec l'autorisation de l'Assemblée Nationale : telles que Saint-Cloud (en partie du moins), Meudon, la forêt de Sénart, etc.

Affectation des châteaux ci-devant impériaux aux grandes collections publiques en imposant, au besoin, un droit d'entrée aux visiteurs.

Rétablissement des passe-ports pour les étrangers et les Français. On pourrait exiger des étrangers, et notamment des Allemands, qui viennent travailler et s'établir en France, une certaine redevance payable par mois ou par année.

Augmentation des frais de naturalisation et des droits de chancellerie pour toutes les décorations étrangères.

Augmentation dans une proportion considérable des droits de succession imposés aux parents en ligne indirecte et aux étrangers. Ces droits pourraient être portés à 30 ou 50 p. o/o en donnant aux héritiers des délais pour le payement.

Diminution des mêmes droits en ligne directe.

Augmentation du prix des tabacs de luxe et de l'impôt sur les débits de boissons ou bals publics.

Augmentation des impôts sur les objets de luxe : voitures, chevaux, chiens de chasse, permis de chasse, hôtels, maisons de campagne.

Révision des tarifs des douanes et du cadastre.

Impôts. — Établissement immédiat de l'impôt progressif sur le revenu.

L'impôt foncier et l'impôt indirect seront maintenus, mais seulement le temps nécessaire pour payer les frais de la dernière guerre. Ensuite aura lieu un remaniement complet dans l'assiette de l'impôt.

QUESTION SOCIALE.

Il serait aussi insensé de nier la gravité de la question sociale et les difficultés d'une solution que de croire qu'elle peut être tranchée par une réglementation fixée par les représentants élus du pays. L'État, et nous le lui demandons pardessus tout, ne doit intervenir dans les rapports des particuliers entre eux qu'au cas de nécessité absolue. Protéger le faible contre le fort, le pauvre contre le riche, serait évidemment dépasser la mesure dans laquelle son action doit être circonscrite. Pourquoi ne lui demanderait-on pas aussi de défendre l'ignorant contre le citoyen éclairé et instruit? Il doit veiller avec une égale sollicitude à répandre dans toutes les classes, avec les lumières de l'instruction, la conscience des droits et des devoirs de chacun; mais il doit en même temps abandonner à l'initiative individuelle ce qui rentre dans le domaine de ses attributions.

La question sociale ne peut marcher vers une solution, selon nous, que par la liberté et par l'effort persévérant de l'initiative individuelle. Quand ce but désiré sera-t-il atteint? Nul homme de bon sens et de bonne foi ne saurait fixer un délai. L'important c'est que nous nous préoccupions tous et sans cesse de ces questions brûlantes qui ne sont un épouvantail que pour les lâches ou les ignorants; c'est que nous prenions l'habitude de raisonner de bonne foi, pacifiquement, après avoir réfléchi; c'est que toutes les classes abandonnent leurs griefs accumulés, source de rancunes et de haines, pour étudier ensemble, sans parti pris, sans préjugé, sans violence, les droits et les devoirs de chacun. Ce rapprochement avancera beaucoup plus la solution de la question que les lois les plus sagaces et les plus raisonnables. Même dans ces conditions il faudra sans doute attendre longtemps encore l'heure d'une entente complète et définitive. Qu'importe? Une, deux générations passeront; mais leurs descendants recueilleront le fruit de leurs travaux et de leurs efforts.

Sans préjuger la solution que l'avenir réserve peut-être à cette question, il est dès aujourd'hui permis de fixer un principe incontestable; ce principe peut servir de point de départ pour les recherches futures. L'industrie et le commerce emploient deux capitaux qui, s'ils n'ont pas des droits égaux, ont droit l'un comme l'autre au partage des bénéfices : le capital argent et le capital travail. L'un n'est pas moins indispensable que l'autre à la vie, à la prospérité de l'industrie et du commerce. Cette vérité reconnue, il ne reste plus qu'à établir l'échelle de répartition du bénéfice entre l'argent et le travail d'un côté, et de l'autre entre les différentes classes de travailleurs, gérants, contre-maîtres, simples ouvriers.

L'extrême variété du travail nécessitera un tarif particulier pour chaque genre d'industrie; ce tarif devra être discuté et accepté par les différentes parties et pourra varier aussi suivant les lieux et les temps. Mais si la classe riche, si les industriels ou négociants continuaient à prétendre qu'au capital argent, et à ce capital seul, reviennent tous les bénéfices en raison des chances qu'il court, la question resterait insoluble et laisserait la société perpétuellement exposée à toutes les tentatives de la violence et de la rancune, à tous les coups de force du désespoir. A l'État on ne peut demander qu'une chose et il faut la réclamer dès aujourd'hui, chaque jour, sans relâche, jusqu'à ce qu'elle ait été pleinement obtenue : la suppression de toutes les entraves qui gênent, qui arrêtent l'essor de l'initiative individuelle. Car c'est par l'initiative individuelle seule, nous ne saurions trop le répéter, qu'un État vraiment libre, vraiment républicain, doit croître, prospérer et atteindre son plein épanouissement par la satisfaction de tous les droits et de tous les intérêts légitimes.

Nogent-le-Rotrou, imprimerie de A. GOUVERNEUR.

www.ingramcontent.com/pod-product-compliance
Ingram Content Group UK Ltd.
Pitfield, Milton Keynes, MK11 3LW, UK
UKHW020424220726
13923UKWH00005B/2119